PAPST BENEDIKT XVI.

BUCH DER ANTWORTEN

SIGNS OF LIFE

PAPST BENEDIKT XVI.

BUCH DER ANTWORTEN

EDITION MODERN TIMES

Impressum:

Signs of Life
BUCH DER ANTWORTEN
Edition Modern Times
ISBN-13: 978-3-9502199-3-7
ISBN-10: 3-9502199-3-5

A-4020 Linz, Spittelwiese 8
A-1030 Wien, Lagergasse 6

Herausgeber: Markus Mahringer
Konzeption: Dr. Michaela Baumgartner
Art Direction: Dipl. Designerin Andrea Christ
Lektorat: Dr. Silvia Stoller
Coverfoto: L' Osservatore Romano
Druck: NÖ. Pressehaus
Printed in Austria

Die vorliegende Auswahl von Zitaten wurde Predigten Papst Benedikts XVI. entnommen und als Begleitbuch zu „Signs of Life" – DIALOGE, Hörbuch 1, „Die Predigten Papst Benedikts XVI." konzipiert.
Die Veröffentlichung der Predigten im Rahmen der Edition „Signs of Life" erfolgt mit freundlicher Genehmigung von Radio Vatikan.
Unser besonderer Dank gilt Mag. Otto Neubauer, Institutsleiter der Akademie für Evangelisation in Wien, für seine Unterstützung und Beratung sowie Gabriele Besold, die ihre Tonbandaufnahmen der Predigten für die Edition „Signs of Life" zur Verfügung stellte.

INHALT

KAPITEL I.

MENSCH SEIN

Die Macht des Menschen hat sich zwar fast ins Grenzenlose gesteigert, und wir können beinahe alles. Wir können zum Mond fahren, wir können den Mars erforschen, wir können Bilder aus allen beliebigen Teilen der Welt an jedem Ort gleichzeitig empfangen, wir können in einem winzigen Computerplättchen Millionen von Informationen speichern. Nur das Eigentliche können wir nicht mehr recht – das Menschsein!

Der Sinn, von dem er leben kann, der ihn beseelt und ihm Richtung gibt, ist für den Menschen als ein sinnsuchendes Wesen eine Bedingung seines physischen Daseins. Er gehört zu ihm selbst wie die Luft und wie das Atmen. Er braucht die Vorgabe eines Sinnes, ohne den die Gabe des Lebens sinnlos und unvertretbar wäre. Sinn aber ist ihm nur wirklich gegeben, wenn dieser Sinn stärker ist als der Tod, wenn er mehr Leben ist als das physische Leben. Erst der Sinn ist das wirkliche Leben.

Nur dem Menschen ist es gegeben,
die Welt zum Garten Gottes zu machen
oder auch sie in seinem Eigensinn
und seiner Verblendung zu verbrauchen und zu zerstören.

Wer so in die Welt hineinschaut, mag sich wohl fragen, ob wir eigentlich Zeit haben, an Gott und an die göttlichen Dinge zu denken, oder ob wir nicht lieber alle Kräfte anspannen sollten, um es auf der Erde besser zu machen. Bert Brecht hat aus solcher Gesinnung heraus gedichtet: Lasst euch nicht verführen, ihr sterbt mit allen Tieren, und es kommt nichts nachher. Den Glauben an das Jenseitige sah er als eine Verführung des Menschen an, die ihn hindert, dieses Leben voll zu ergreifen. Aber wer der Gottähnlichkeit des Menschen seine Tiergleichheit entgegenstellt, der achtet ihn auch bald nur als ein Tier. Und wenn wir, wie ein anderer moderner Dichter sagt, wie die Hunde sterben, dann werden wir sehr bald auch leben wie die Hunde und uns behandeln wie die Hunde oder vielmehr so, wie man keinen Hund behandeln sollte.

Der Mensch ist die Hoffnung des Menschen, und der Mensch ist die Gefahr des Menschen. Denn er kommt vom Schöpfer her und ist doch mit dem Leben der Erde behaftet. Er trägt das Neue von Gottes Gedanken in sich, und zugleich ist er schon beschattet von allen Gefährdungen der Geschichte.

Was ist das eigentlich – Fortschritt? Wenn wir von unterentwickelten Völkern sprechen, von Entwicklungshilfe, von Grenzen des Fortschritts, dann meinen wir damit immer dasselbe, nämlich das Zunehmen des technischen Komforts, die Größe des Konsums, die Höhe des Einkommens, das heißt den Fortschritt im Materiellen. Aber wir müssen doch fragen: Ist das wirklich immer ein Fortschritt des Menschen? Oder kann dies nicht gerade den Absturz in die Barbarei bedeuten?

Der bloß materielle Fortschritt ist noch nicht ein Fortschritt des Menschen. Der Mensch schreitet fort in dem Maß, in dem er sich an Gott annähert, denn in demselben Maß nähert sich die Welt an das Reich Gottes an, das Reich Gottes ist Gott selbst, niemand und nichts sonst. Und nur wenn der Mensch ihm nahe wird, wird er wahrhaft Mensch.

Wo das Sittliche keine Kraft mehr hat, gibt es keinen Damm gegen die Gewalt, gibt es keinen Damm mehr gegen den bloßen Egoismus, der sich selbst durchsetzt. Die Stärkung des Sittlichen ist die Grundvoraussetzung für die Stärkung des Menschen, und wo sie ausfällt, ist der Mensch der Verlierer. Die Schwachen und die Armen zuallererst.

Der Mensch, der sich von Gott abwendet, hält sich die Ohren zu, denn die Welt ruft ihn an und spricht von Gott. Und wer sich die Ohren zuhält und zum Lärm Zuflucht nimmt, wer nicht mehr die Stimme der Schöpfung annehmen will, sondern nur seine eigene, der wird zum Menschen der Gewalt.

Geburt und Tod sind die beiden Augenblicke, wo gleichsam die Mauer des Diesseits aufreißt und das andere hereinbringt. Im Tod wissen wir, dass es da eine Grenze unseres Machens gibt und dass wir ins Unbekannte hinausgehen, vielleicht gefragt werden, was wir mit diesem Leben getan haben. Und im Augenblick der Geburt wissen wir, dass da etwas hereingetreten ist in die Welt mit diesem neuen Menschen, was über unser eigenes Produzieren hinausgeht.

Das Kind ist mehr als die Kombination von Chromosomen des Vaters und der Mutter. Es ist ein ganz neues und nicht aus der Vorgabe heraus zu berechnendes Geschöpf, in dem Schöpfung geschieht. Dieses neue Kind ist mehr Kind dieses Schöpfers als Produkt der beiden Menschen, deren Kind es ist. Und daraus rührt die Verantwortung, daraus die Hoffnung neuen Menschenlebens.

Das Kind ist nicht einfach mein, so wie ein Stück Geld mein ist, so wie irgendein Gerät mein ist. Es ist SEIN, weil es frei und neu ist und von ihm unserer Verantwortung übergeben, damit wir es freies Kind Gottes sein lassen. Nur aus solchem Wissen heraus kann dann der rechte Weg zwischen Autoritarismus und Autoritätslosigkeit gefunden werden. Zwischen dem Inanspruchnehmen des Kindes, als sei es meines, dem Hineinformen in meine Ideen und Wünsche, durch das wir es zerstören und vergewaltigen, und jenem absurden Laufenlassen, das wir als Kämpfer der Freiheit deklarieren, das in Wirklichkeit nur Missachtung des Menschseins in seiner Würde ist. Denn nun wissen wir, wem es zutiefst gehört und verdankt ist.

Nur wer sich verliert, findet sich. Wer sich selbst festhalten will, sich nicht überschreitet, der gerade kommt nicht zu sich selber. Wer nur sich besitzen möchte und sich nicht gibt, der empfängt sich auch nicht. Dieses Grundgesetz des Menschseins folgt aus dem Grundgesetz der trinitarischen Liebe, aus dem Wesen des Seins Gottes selber, der im Sich-Geben als Liebe die wahre Wirklichkeit und die wahre Macht ist.

Augustinus hat einmal gesagt, am Krankenlager geschieht es bisweilen, dass die Ärzte sagen, der kommt nicht davon. Aber in Wirklichkeit muss schon über der Wiege eines jeden Menschen gesagt werden: Non evadet. Er wird nicht davonkommen. In solchen Aussagen wird sichtbar, dass der Mensch, der vom Tod bedroht ist, auf das Nichts zugeht, den Sinn braucht, der standhält auch gegenüber den unbekannten Mächten der Zukunft und der stärker ist als der Tod. Erst dann ist er wirklich geboren. Wenn ein Sinn da ist, der diesem „Non evadet“ die Stirn bieten kann.

Wir haben von unseren Vätern ein kostbares Gut geerbt, den wahren Glauben und mit ihm die wahre Menschlichkeit des Menschen, den eigentlichen Fortschritt, die Möglichkeit, in Jesus Christus Gott zu berühren und das Reich Gottes. Lassen auch wir uns nicht lenken durch das bloße materielle Mehr, durch den bloß äußeren Fortschritt. Bleiben wir bei diesem eigentlichen Erbe, lassen wir dies zum Maß unseres Tuns und unseres Lebens werden. Nur dann schreiten wir wirklich fort.

KAPITEL II.

KIRCHE UND WELT

Sie haben keinen Wein mehr."
Wie sehr beschreibt dieses Wort des Evangeliums die Lage in Welt und Kirche von heute. Denn wo gibt es eigentlich heute noch Begeisterung darüber, der Kirche zuzugehören, Freude darüber, ein Christ zu sein, stolz darauf, Gott zu kennen, von ihm gekannt, angeredet, ja geliebt zu sein?

Gottes Heiligkeit ist da, sie ist umfassender, sie ist fordernder, sie ist aber auch verletzlicher, und deswegen braucht sie auch heute den Raum der Ehrfurcht, den Raum, in dem das Signal des ganz anderen gesetzt wird, das uns herausruft aus der Alltäglichkeit, aus der Gewalt, aus dem Egoismus und der Gedankenlosigkeit und uns lehrt, uns zu beugen vor dem, der die sich schenkende Liebe ist.

Wir wollen Kirche machen, wie man geschmackloserweise heute sagt. Wir wollen die Liturgie machen, wir wollen den Glauben selber ausdenken, sodass er für die Menschen verdaulich ist und bei ihnen ankommt. Und in all diesem unserem Machen streiten wir uns nur immer weiter auseinander.

Es ist nicht wahr, dass im Menschen die Prägelinie nur von innen nach außen läuft, also nur die Gesinnung zählt. Es gibt auch – weil er leibseelisches Wesen ist – die Prägung, die von außen nach innen geht, die Form des Ganzen, die auch ihn bis ins Innerste mitgestaltet. Darum wiederum ist es so wichtig, dass diese prägende Kraft des Heiligen nicht nur verwahrt wird irgendwo in unserer Innerlichkeit, sondern dass sie sichtbare zeichenhafte, gestaltende Macht in dieser Welt werde und uns so auch immer wieder neu Auftrag und Möglichkeit ist, die Welt zu zeichnen mit dem Zeichen des Kreuzes, mit dem Geheimnis der Heiligkeit Gottes, die die ganze Welt an sich ziehen will.

Wenn der Herr das Haus nicht baut, dann bauen auch die Bauleute vergebens. Wieder glauben lernen, dass dies Wort auch in der Kirche gilt. Wieder vertrauen lernen, dass es seine heilige Macht gibt, dass er da ist und wirkt, ihn lassen und uns ihm lassen – das wäre der Anfang des rechten Christseins.

Das Zeugnis für den Glauben, das Leben aus dem Glauben und so die Mission, die den Glauben weiter trägt in die Menschen hinein, ist der Kern aller echten Entwicklungshilfe. Der Mensch und die Welt werden nicht entwickelt, wenn der Glaube verfällt. Nur dann geschieht wahrhafte Entwicklung des Menschen, wenn immer neu der Glaube bezeugt wird, wächst und tiefer wird. Nur wo dieser Dienst am Menschen erfolgt, erhält er auch die Maßstäbe und die Kraft, die materielle Entwicklung recht zu vollziehen, die Natur zu beherrschen, ohne sie zu zerstören, von den Gütern der Schöpfung den rechten, ihnen selbst gemäßen, weil Gott gemäßen Gebrauch zu machen.

Weil wir Wesen der Gemeinschaft sind, deswegen brauchen wir auch gemeinsame Spielregeln der Ehrfurcht als die gemeinsame Weise der Liebe, in der wir zugleich das hoffende Zeichen der Heiligkeit Gottes sichtbar in diese Welt hineinstellen, entgegenstellen der Brandung der Gewalt und der Mächte des Bösen. Auch als Forderung an uns selbst.

Nachfolge heißt den ganzen Weg annehmen, hineingehen in das, was oben ist, in das Verborgene, das das Eigentliche ist, in die Wahrheit, in die Liebe, in die Gotteskindschaft. Solches Nachfolgen allerdings geschieht immer nur in der Weise des Kreuzes, in dem wahren Sich-Verlieren, das allein die Schätze Gottes und der Erde öffnet, das allein gleichsam die lebendigen Brunnen der Tiefe auftut und die Kraft des wirklichen Lebens hereinlässt in diese Welt.

Die christliche Überlieferung hat sehr bewusst nicht einfach von Nachfolge Jesu, sondern von Nachfolge Christi gesprochen. Wir folgen nicht dem Toten, sondern dem Lebendigen.

Eine Kirche vertrocknet, die die Kontemplation nicht mehr hat. Das Ausweichen ins Asiatische hinein kommt ja doch wesentlich auch davon, dass dieser Raum der Stille dem Christlichen fremd scheint, dass es selbst eine Variante der westlichen Aktivität geworden scheint, in der das Ruhigwerden des Herzens, aus dem allein Aktivität Sinn und Fruchtbarkeit gewinnen kann, keinen Platz mehr hat. Wir alle wollen uns wieder in die Kontemplation rufen lassen.

So wie physisch die Erde der Sonne bedarf, um ein Gestirn des Lebens zu bleiben, und wie sie des Zusammenhalts im All bedarf, um ihre Bahn zu gehen, so braucht auch der geistige Kosmos der Erde das Licht von oben, zusammenhaltende Kraft, die sie erst öffnet.

Sucht, was oben ist! Dies ist ein Auftrag für die Erde. Nach oben zu leben. Auf die Höhe zu leben, auf das, was hoch und groß ist, und dem Schwergewicht des unten, des Zerfalls widersprechen! Das heißt dem Auferstandenen folgen, das heißt der Gerechtigkeit, der Rettung dieser Welt dienen.

Im Vaterunser beten wir: „Dein Wille geschehe, wie im Himmel so auf Erden." Wo Gottes Wille getan wird, wird das Antlitz der Erde hell, wird die Erde gerettet.

KAPITEL III.

GOTT SUCHEN

Gott verbirgt sich, er blendet uns nicht mit dem Glanz seiner Herrlichkeit, er zwingt uns nicht in die Knie mit seiner Macht, er will, dass zwischen ihm und uns das Geheimnis der Liebe entstehe, das Freiheit voraussetzt.

Die Gelehrten fanden ihn nicht, und die Mächtigen nicht. Herodes kam nicht auf die Idee, dass dieses Kind Gott sein könne. Unter Gott konnte er sich höchstens einen noch grausameren und noch mächtigeren Herrscher vorstellen. Dieses Kind war allenfalls ein künftiger Nebenbuhler, den man aus dem Weg räumen musste. Sie fanden Gott in seinem Versteck nicht, und wir in unserem Snobismus, in unserem Besserwissen, in unserer Aufgeklärtheit – finden wir ihn eigentlich? Suchen wir ihn eigentlich?

Gott ist anders, als wir sind. Wir leben so oft mit unserem Gesicht weg von ihm, leben nach der anderen Seite. Und deswegen ist er uns verborgen. Wenn wir ihn finden wollen, müssen wir die Straße der Widersprüche mit unseren Herzen überschreiten und den Weg der Verwandlungen finden, bis er sichtbar und hörbar wird.

Durch die Schöpfung redet Gott uns ständig an, wenn wir hören und sehen wollen, und sagt zu uns: „Sucht mich doch.“ Er sucht uns, damit wir ihn zu suchen vermögen. Er ist die ganze Leiter der Entfernungen zwischen ihm und uns heruntergestiegen bis zum Menschsein, bis zum Kindsein.
Man möchte sagen, er ist aus seinem Versteck herausgegangen und läuft uns förmlich nach, damit wir nicht aufhören, ihn zu suchen, damit wir fähig werden, ihn zu finden.

Gott verbirgt sich, weil er will, dass wir ihm ähnlich seien, dass Freiheit und Liebe in uns sich zutrage. Aber er ist doch nicht nur Verborgenheit. Weihnachten ist sein Versteck, wenn man so will, aber es ist doch zugleich mit Ostern zusammen die größte Offenbarung Gottes.

Auch wenn äußerlich die Welt von heute sehr weit von Gott weg liegt, so kann doch die Frage nicht verstummen, ob es da hinter den Mächten der Welt eine Urmacht, ein Göttliches gebe. Und deswegen bleibt auch unauslöschlich im Herzen der Menschen das Verlangen, dass doch diese Macht, wenn es sie gibt, sich zeigen möge. Dass sie eine Spur ihrer selbst in die Welt hineinsetzen möge. Dass ihr Licht aufleuchte in der Dunkelheit unseres Fragens, damit wir wissen, woher wir kommen und wohin wir gehen. Die Geburt Jesu im Stall, der Stern, der die Weisen aus dem Osten heranführt, und endlich der aufgerissene Himmel über dem Jordan, aus dem Gottes Stimme ertönt – dies alles sind Spuren, die Gott sich in der Welt gesetzt hat, durch die er uns sagt: „Ja, ich bin da, und ich kenne euch, und ich liebe euch. Es gibt einen Weg von mir zu euch und einen Weg von euch zu mir.“

Die Wanderschaft in das ganz Nahe brauchen wir, in das ganz Nahe hinein müssen wir suchen, um das Versteck zu finden, das Gottes Offenbarung ist.

Wie kann man eigentlich Gott finden? Wie kann man so wach werden für ihn, so bereit für ihn, dass man seinen Anruf mitten im Alltag wahrnimmt und ihn erkennt? Eine erste Antwort ist die: Wer Gott erkennen will, muss bereit sein, für ihn Zeit zu haben, muss bereit sein, ihn sich etwas kosten zu lassen. Gott drängt sich uns nicht auf, er läuft uns nicht nach, er ruft unsere Freiheit. Und nur wenn wir selber ja sagen, wenn er Zeit und Kraft unseres Lebens erhält, dann kann der Weg sich öffnen. Und das Zweite: Wer von Gott her auf die Menschen zugeht und Liebe zu schenken sich müht, der wird auch wieder tiefer zu Gott hingeführt. Erkennt ihn wahr. Und umgekehrt: Wer für Gott Zeit hat, dem wird es leichter, auch den Menschen zu dienen und sie zu lieben. Beides trägt und bedingt einander, greift ineinander.

Gott wartet darauf, dass das Geschöpf aufbricht, dass ein neues, freies Ja zu ihm entstehe, dass von der Schöpfung her sich das Ereignis der Liebe neu zutrage.

Zu dir selbst, sagt uns Maria, kommst du nicht, wenn du nur zu dir selber willst. Zu dir selber kommst du nur, wenn du weggehst von dir. Und nicht immer wie die Frau des Lot damals nach dir umschaust, was aus dir wird und was für dich bleibt dabei. Wer das tut, dem geht es, wie Lots Weib es ergangen ist. Er erstarrt. Er kommt gerade nicht ans Ziel. Der Weg zu uns selbst führt über Gott, nur wenn dir der Aufbruch dahin nicht zu schwer ist, findest du ihn.

Hineingehen in das Verborgene, in dem Wahren sich verlieren, das Menschsein finden. Das bedeutet zugleich, jenen Vorrat an Freude finden, dessen die Welt so dringend bedarf. Es ist nicht nur unser Recht, es ist unsere Pflicht, uns zu freuen, weil der Herr die Freude geschenkt hat und weil die Welt auf sie wartet.

KAPITEL IV.

VOM BETEN

Die Erfahrung der Abweisung, des Korrigiertwerdens gehört zu jedem rechten Gebet. Wenn wir die Macht Gottes herbeirufen wollen, müssen wir uns seinem Willen öffnen. Der erste Erfolg des Gebetes sollte dies sein, dass wir unseren Willen öffnen auf den seinigen hin.

Muss Gott der Automat sein, der sofort alle unsere kleinen Ärgerlichkeiten korrigiert? Oder könnte es nicht sein, dass wir gerade im Scheitern unserer Wünsche wachsen? Müssen wir ihn unbedingt in unsere Programme und Perspektiven hereinzwängen und hereinzwingen, oder könnte es nicht sein, dass wir gerade im Scheitern unseres Willens seinen Willen erkennen lernen müssen, der größer und besser ist als der unsere?

Wir sollen nicht um Wunder beten. Die wirkt Gott, wann und wo er will. Aber wir sollen wieder lernen, an die heilige Macht Jesu zu glauben, ihr zu trauen und uns ihr anzuvertrauen.

Nur wenn wir auch einmal die Schwelle der Bequemlichkeit überschreiten, beten und Liturgie feiern nicht nur dann, wenn es uns gefällt, solange es uns etwas gibt und wir spüren, dass es schön ist, sondern auch dann, wenn wir sozusagen auf das Amen warten. Nur wenn wir solche Mühsale auf uns nehmen, dann können wir selbst Betende und von innen her gesund werden.

In der Verehrung sind wir alle Empfangende vor dem Herrn, alle Anbetende und zugleich hineingerufen in die erbarmende Nähe, die er ist. So wird der gemeinsame Grund des Ganzen sichtbar.

Jesus kennt mich. Und schaut mich an. Und auch ich rede nicht ins Ungefähre hinein, wenn ich mit ihm spreche, sondern rede im Raum eines Kennens, der mich umfängt. Lassen wir uns davon wieder berühren. Er kennt mich. Er liebt mich. Und ich darf und soll ihn erkennen, soll im Beten, im Stillewerden, im Umgehen mit dem Wort der Heiligen Schrift, im Verstehen der Schickungen meines Lebens allmählich seine Stimme verstehen, sein Gesicht erkennen, persönlich bekannt sein mit ihm, der mich einst richten wird und der dann mein Freund sein wird.

Ich bitte Sie, ab und zu in die Kirche
hineinzugehen. Beim Herrn zu verweilen,
gar nicht mit vielen Worten,
sondern einfach Stille werdend vor ihm.

KAPITEL V.

DAS LICHT DER TAUFE

Taufe ist der Regenbogen Gottes über unserem Leben. Verheißung seines großen Ja, die Tür der Hoffnung und zugleich die Weisung, die uns zeigt, wie man das macht, ein Mensch zu sein.

Wir haben uns den Sinn der Sakramente auf unseren verstehbaren Lebenszusammenhang zurechtgeschnitten. Wenn Eltern ihre Kinder taufen lassen, dann ist es heute doch vielfach so, dass sie kaum an solche Auferstehungsgemeinschaft mit Christus denken, sondern nun einmal den Augenblick der Geburt mit einer etwas größeren Feierlichkeit zu unterstreichen wünschen, als ihn das bloße familiäre Feiern zu geben vermöchte. Aber damit hat man nun wirklich den Kern der Sache verfehlt. Taufe heißt, dass er auf uns zutritt, uns in die Gemeinschaft des Lebens hineinnimmt, das keinem Tod verfallen ist. Und so ist erst Taufe als die Gabe des Sinnes, der dem Tod antwortet und mächtiger ist als er, die wirkliche, die neue, die wahre Geburt, das wahre Leben.

Indem wir das Kind in die Stimme Gottes, in sein Wort, in sein Licht und seine Weisung hineinführen, formen wir es, führen wir es dorthin, wo sein Eigentliches ist, geben wir ihm seine wahre Freiheit, sein Selber-Sein.
In Gottes Hände geben wir es. Das ist Geschenk und Auftrag der Taufe zugleich.

Wasser ist Symbol für die Macht des Todes. Darin wird sichtbar, dass es in der Taufe nicht um Bürokratie geht, um Aufnahme in einen Verein, die man beurkunden kann. Und das Taufwasser ist auch mehr als Abwaschung, es geht auch um mehr als um Kosmetik, um Verschönerung des Lebens. Es ist Todesgeschehen. Das ist die Größenordnung, um die es in der Kirche, in der Gemeinschaft mit dem Auferstandenen geht. Und nur wenn es eine solche Gemeinschaft gibt, in der nicht bloß Geselligkeit oder Kosmetik im Spiele ist, sondern auf die Todesfrage geantwortet wird, dann lohnt sich zu leben. Und dann ist diese Gemeinschaft die Gabe des Sinnes, die hineinreicht ins ewige Leben und daher das gegenwärtige Leben möglich werden lässt.

Taufe ist ein Vorgriff über den Tod und alles Dunkel der Zukunft hinaus, Gewissheit dessen, dass wir dieses Kind einer Güte anvertrauen, die Macht ist. Einer Güte, die ihm das Schwere nicht ersparen wird, aber von der wir gewiss sind, dass sie stärker ist als alle Mächte des Dunkels und darum menschliches Leben gut sein lässt, auch noch in den Nächten, die es durchwandern muss.

Mit der Taufe geben wir dem Kind eine neue Familie, die größer, stärker und beständiger, offener, weiter und umfassender ist als die eigene. Die Familie der Glaubenden. Die Familie der Kirche, die wiederum nicht allein sich selber macht und ihren Weg sucht, sondern in der Wendung an Christus zugleich an das ewige Leuchten Gottes selbst gebunden ist, an die Wahrheit, die uns Weg wird.

Seitdem Gottes Sohn sich taufen ließ, steht an dieser Stelle der Himmel offen und reißt er immer von neuem auf. Seitdem rufen wir nicht mehr ins Unbekannte hinaus, sondern können wir in seine Hände, in die starken Hände dessen, der der Stärkere ist gegenüber den dunklen Pfründen der Welt, dies neue Leben geben.

KAPITEL

VI.

DER LEIB CHRISTI

Gott hat sich uns gleichsam
in die Hände gelegt.

Eucharistie ist zuerst dieses tätige Geschehen, in dem der Herr uns zueinander führt, uns mit seinem Leibe vereinigt, damit wir sein lebendiger Leib seien in dieser Welt. Aber daraus wurde verkleinernd dann manchmal geschlossen, dass Eucharistie nur Gemeindeversammlung, Ausdruck brüderlicher Solidarität sei in dieser Welt. Und der Gedanke wurde umso enger, je mehr die Größe dessen daraus verschwand, dass dies alles aus der Hingabe des Herrn kommt, in die er uns hineinführen will. Diese Entwicklung hat sich dann bis in den Kirchenbau hinein dargestellt, wo man manchmal etwas suchen gehen muss, um die Stelle zu finden, da die Gegenwart Christi im Sakrament uns zum Verweilen, zum Beten einlädt. Und sie hat sich auch dahin ausgewirkt, dass Zeit und Raum der Eucharistie in unserem Leben schmäler geworden sind.

Der Herr klopft an und wir müssen ihn hören. Wir müssen ihm auftun. Auftun nicht nur dem Munde nach, sondern auftun unserem ganzen Sein nach, ihn hereinlassen und so mit ihm Gemeinschaft empfangen.

Wenn nicht mehr das betende Verweilen mit dazugehört, dann schrumpft Eucharistie zusammen auf die halbe Stunde der Feier, dann wird sie allmählich zu einer kleinen, winzigen, verlorenen Insel mitten in der Hektik des Alltags, in der sie gerade nur noch am Rand verschwindend irgendwo steht. Dann kann sie nicht mehr unsere Räume durchatmen und nicht mehr unsere Zeit durchpulsen, und dann schwindet ihr eigener Lebensraum.

Ich kann gar nicht richtig sakramental kommunizieren, wenn ich nur körperlich esse, wenn nicht der innere Vorgang des Kommunizierens, der persönliche da ist, der länger braucht als diesen Augenblick, der das weilende Zugehen auf ihn hin nötig hat.

Kommunion heißt, dass ich mit jemandem Gemeinschaft aufnehme, mit ihm kommuniziere. Aber kommunizieren kann ich mit ihm nur, wenn ich ihn kenne, wenn ich ihn anschaue, ihn anhöre, mit ihm spreche, wenn wir im gegenseitigen Verstehen allmählich einander begreifen und so eins werden. Deswegen ist auch Kommunion mit dem Herrn immer gebunden an das Verweilen beim Herrn, an das Schauen auf ihn, an das Kennenlernen Jesu Christi, das allmählich ein Ähnlichwerden ist.

Die Eucharistiefeier kann wirksame Einladung an uns nur sein, wenn gleichsam immerfort die Gastlichkeit des Herrn auf uns wartet, wenn seine stille Nähe immer offen für uns dasteht und sein Haus immer zum Vaterhaus der Erbarmungen Gottes macht, in dem es diesen Höhepunkt gibt, aber das nie tot ist, sondern immer Ort, da er zugeht auf uns und wir auf ihn.

Unter Menschen tritt zu Zeiten der Traum auf, es wäre schön, wenn wir nicht nur quer durch die Räume des Weltalls reisen könnten, sondern wenn es ein Vehikel gäbe, mit dem wir auch durch die Zeiten hindurch wandern und ihnen gleichzeitig werden können. Etwas davon kann in dem Geheimnis der Liturgie geschehen, kann deshalb geschehen, weil die Auferstehung Jesu nicht vergangen ist. Mit der Auferstehung ist er aus dem Vergehenden ins Bleibende herausgetreten, sie ist ins Beständige erhoben. Er, der Auferstandene, ist heute. Und wenn wir ihn berühren können, dann können wir das Heute der Auferstehung anrühren, können wir in den nicht mehr untergehenden Auferstehungstag hineintreten, der keinen Abend hat, weil kein Tod ihn mehr beendet.

Liturgie will das Hinzutreten in die
eigentliche Wirklichkeit sein,
das Heraustreten aus jener halben
Wirklichkeit, in der wir leben,
die fortwährend zerfällt und ins Nichts hinein
vergeht, zu der Wirklichkeit,
die so wirklich ist, dass sie bleibt.

KAPITEL

VII.

DIE BOTSCHAFT DER AUFERSTEHUNG

Am auferstandenen Christus ist unser Licht, das Licht des Sinnes, des bleibenden Lebens angezündet. Und dies ist der große Auftrag unseres Lebens, dass wir dieses Licht unerloschen brennend hindurchtragen durch die Zeit, dass wir ihm hingegeben wir selbst werden.

Aus der leidenschaftlichen, messianischen Sehnsucht seines Volkes heraus hat der jüdische Philosoph Theodor Adorno immer neu danach gesucht, wie man eigentlich eine gerechte Welt schaffen könne. Er kam schließlich zu der Einsicht, damit wirklich Gerechtigkeit sei in der Welt, müsste es Gerechtigkeit für alle und für immer sein, das heißt Gerechtigkeit auch für die Verstorbenen, eine Gerechtigkeit, die auch das unwiderruflich vergangene Leiden widerruft und gut macht. Damit aber dies sein könnte, müsste es die Auferstehung der Toten geben. Auf diesem Hintergrund können wir die Osterbotschaft neu vernehmen: Christus ist auferstanden, ja, es gibt die Gerechtigkeit für die Welt. Es gibt die ganze Gerechtigkeit für alle, die imstande ist, auch das unwiderruflich Vergangene zu widerrufen, weil es Gott gibt und weil er die Macht dazu hat.

Gott lässt nicht einen Teil
seiner Schöpfung lautlos
im Gewesenen versinken.

Christi Himmelfahrt ist nicht Wiederholung des Kreuzes, sondern dessen endgültige Überwindung. Denn sie bedeutet, dass Christus endgültig aus dem Raum des Todes weggeht, uns nicht mehr genommen werden kann und nun Anteil hat an der Allgegenwart der Liebe. Er ist nicht von uns gegangen, sondern er ist wirklich da. Er rührt jeden von uns an, und wir können immerfort zu ihm gehen. Das Gehen des Herrn als sein wirkliches Kommen. Weil er beim Vater ist, ist er immerfort bei uns.

Ostern ist gleichsam der Schein der offenen Tür, die aus dem Unrecht der Welt hinausführt, und die Aufforderung, diesem Lichtschein nachzugehen, ihm den anderen zu zeigen, wissend, dass es nicht Träumerei ist, sondern das wirkliche Licht, der wirkliche Ausgang.

In dem Aufstieg des Herrn zum Vater ist ein Sieg der Menschheit und des Menschen geschehen. Sie ist ein Fest der ganzen Menschheitsfamilie, denn sie bedeutet, dass in Gott Platz ist für den Menschen, dass Gott Raum hat für den Menschen, ja der Raum des Menschen geworden ist.

Wir können dem Auferstandenen nur glauben, wenn wir ihm begegnet sind. Wir können ihm nur begegnen, wenn wir im nachgegangen sind. Und nur wenn wir beides sind, können wir ihn bezeugen und sein Licht hineintragen in diese Welt.

Christus ist auferstanden. Das heißt, es gibt die Kraft, die Gerechtigkeit zu schaffen imstande ist, und sie erschafft sie. Deswegen ist die Botschaft von der Auferstehung nicht nur ein Hymnus auf Gott, sondern ein Hymnus auf die Macht
seiner Liebe und darum ein Hymnus auf
den Menschen und auf die Erde und
auf die Materie. Das Ganze wird gerettet.

Freude darüber, dass die Liebe gesiegt hat über die Gewalt, dass die Liebe Macht hat, weil Gott Liebe ist, und dass diese Liebe herunterreicht bis zu jedem Einzelnen von uns: Genau dies bedeutet Christi Himmelfahrt.

Der Himmel ist nicht ein unbekannter Planet. Der Himmel ist ganz einfach Gott selbst. Wenn wir ihn den Himmel nennen, dann bedeutet dies, Gott ist nicht ein fernes, höheres Wesen, das vielleicht einmal die Evolution in Gang gesetzt und sich dann ins Unbekannte zurückgezogen hat. Gott ist so groß, dass er auch für das Kleine Platz und Zeit hat. In Gott ist Raum für den Menschen. Jesus Christus, der auferstandene Herr, hat das Wesen Mensch selbst in Gott hineingetragen. Dieses Mit-Sein Gottes mit den Menschen, des Menschen mit Gott nennen wir Himmel.

Christus ist auferstanden.
Das Unwiderrufliche ist widerrufbar,
die Kraft der Verwandlung ist da.
Leben wir auf sie zu, suchen wir, was oben ist!

KAPITEL VIII.

GOTT IST DIE LIEBE

Gott ist größer als unser Herz.

Wir stellen uns Allmacht ja ganz anders vor, wir gestehen einem unbekannten Gott allenfalls zu, dass er irgendwie die Statik oder die Mechanik des Weltalls ist und das Ganze im Großen und Ganzen irgendwie bewege, aber die Allmacht, dass er jeden von uns kennen kann, dass er sich mit unseren Schicksalen befasst, dass er ganz klein sein kann, die ist uns zu kühn, die erlauben wir ihm nicht, die wischen wir mit unserer Aufgeklärtheit beiseite. Im Kind aber ist er am sichtbarsten, seine Weise der Liebe und seine Weise der Allmacht. Wer anfängt, sie zu verstehen, der sinkt in die Knie und wird erfüllt von der großen Freude, die der Engel der Heiligen Nacht verkündet hat.

Gott ist Mensch geworden, er ist ein Kind geworden. Auf diese Weise erfüllt er die große und geheimnisvolle Verheißung, er werde Emanuel, ein Gott mit uns, sein. Er ist so nahe zu uns gekommen, so einfach geworden, dass jeder mit ihm auf Du sein kann. Gott bietet uns das Du an, indem er ein Kind wird.

Gott hat Menschenmaße angenommen in dem Kind, in dem Mann Jesus, damit wir ihn anhören, sehen und verstehen können und zugleich mit diesem Kleinwerden doch das Licht seiner Größe aufscheinen lassen. Denn gerade als der, der es sich leisten kann, machtlos zu werden in der Machtlosigkeit der Liebe, zeigt er, was wirkliche Größe, was Gott-Sein ist.

In Jesus, in dem Kind, wird Gott selbst sichtbar, so wie er ist, nämlich als jene Liebe, die so etwas Ungeheuerliches tun kann, die Zeit hat, um selbst ein Mensch zu sein.

Gott kann zwar nicht leiden, aber mitleiden, hat der heilige Bernhard von Clairvaux einmal formuliert. Er kann mitleiden, weil er lieben kann. Und diese Macht des Mitleidens aus der Macht der Liebe heraus – sie ist die Macht, die das Unwiderrufliche widerrufen und Gerechtigkeit geben kann.

Der Glaube ist es, der uns recht sehen lehrt, der Glaube ist es, der die Liebe schafft und der darum die Welt verwandelt und den Menschen rettet.

Wir stehen durch Christus im Gedächtnis Gottes, und dieses Gedächtnis hält nicht nur einen Schatten, einen Gedanken, eine Erinnerung fest wie unseres. Dieses Gedächtnis ist schöpferische Liebe, die uns selber trägt. Die ganze Wirklichkeit unseres Seins.

Die Liebe ist stärker als der Tod,
die Gewaltlosigkeit
mächtiger als die Gewalt.

Weil die Menschennatur in jedem von uns die gleiche eine einzige ist, darum heißt das Hineintreten des Gottmenschen Jesus in die Herrlichkeit Gottes, dass wir alle in sie hineinrühren, dass er uns wahrhaft vorausgegangen ist, uns Wohnungen zu bereiten. Er ist unser Platz geworden, und so ist die Liebe dieser ewige Raum geworden.

Gott wartet auf den Menschen. Und er will für uns, dass wir selbst diese eigentlich göttliche Erfahrung machen dürfen, die Erfahrung der Freiheit, des Suchens, des Entdeckens und des seligen Ja über eine Liebe, die das Herz der Welt ist, deretwegen die Welt gut ist und wir gut sind.

ANHANG

QUELLENVERZEICHNIS

QUELLENVERZEICHNIS

Die Zitate wurden folgenden im Rahmen der Edition „Signs of Life“ mit freundlicher Genehmigung von Radio Vatikan veröffentlichten Predigten Papst Benedikts XVI. entnommen:

500 Jahre Wallfahrt, Altötting 1989
Seite 9, 27, 29, 31, 57–59

Christmette, Münchner Dom 1980
Seite 43–47, 49, 51, 104, 105, 107, 113

Osterhochamt, Münchner Dom 1979
Seite 12, 21, 34, 35, 37, 38, 53, 90, 91, 93, 95, 96, 99, 108

Ostervigil, Münchner Dom 1979
Seite 10, 22, 68, 70, 84, 85, 89

Missa Chrismatis, Münchner Dom 1980
Seite 16, 28, 30, 33, 36, 61–63, 77–83

Taufe des Herrn, Berchtesgaden 1990
Seite 11, 13, 18–20, 48, 67, 69, 71–73, 103, 106

Maria Himmelfahrt, Klagenfurter Dom 1990
Seite 39, 52, 98, 110

Advent, St. Elisabeth, München 1981
Seite 50, 60

Christi Himmelfahrt, Passauer Dom 1980
Seite 14, 15, 17, 23, 32, 92, 94, 97, 109, 111, 112

SIGNS OF LIFE DIALOGE
DAS WORT GOTTES

DAS BUCH
DIE AUDIO-CD's
DER FILM

Ein *epochales* PROJEKT

BERÜHMTE *PERSÖNLICHKEITEN* lesen aus der BIBEL.
Aus dieser Idee entstand ein *Projekt*, das mit
gutem Grund als EPOCHAL bezeichnet werden kann.

ÖFFNUNG VON *PRIVATARCHIVEN:*
Erstmals werden im Rahmen dieser Edition PREDIGTEN
PAPST BENEDIKTS XVI. als *Original-Tondokumente* veröffentlicht.

INTIME GLAUBENSBEKENNTNISSE:
PROMINENTE *Gesprächspartner* aus Kunst, Kirche, Philosophie
und Wissenschaft LESEN und *kommentieren* Texte aus dem
Matthäus-Evangelium. Mit ungewöhnlicher Offenheit sprechen sie
über ihren GLAUBEN, ihre Beziehung zu Gott und die Welt.

MULTIMEDIALE *INNOVATION:*
Ein *modernes* Medium für *moderne* Menschen.
„*SIGNS OF LIFE*“, das einzigartige 3 in 1-*MULTIMEDIAPAKET*
als Buch, Hörbuch und Film-DVD.